Inga

Manfred Mai

Anna traut sich was

Manfred Mai

Anna traut sich was

Mit Bildern von
Wolfgang Slawski

Hase und Igel®

Anna findet
ihren Bruder Alexander
manchmal ziemlich doof.
Nur weil er zwei Jahre älter ist,
spielt er sich immer so auf,
als wäre er der Größte.
Und am schlimmsten ist es,
wenn sein Freund Paul
dabei ist.

Einmal beobachtet Anna
die beiden heimlich.
Sie packen allerhand Zeug
in Alexanders Rucksack.
Und Paul hat ein dickes Seil
über der Schulter hängen.

„Wozu braucht ihr das?“,
fragt Anna.

Alexander fährt herum.
„Was willst du hier?“

„Wollt ihr einen Schatz suchen?"

„Verschwinde!", schnauzt Alexander.
„Das ist nichts für Babys!"
Er gibt seinem Freund ein Zeichen.
Und schon sind sie weg.

Alex und Paul
haben etwas vor.
Und natürlich wollen sie
mich nicht dabeihaben.
Das kenne ich.
Aber ich lasse mich
nicht so leicht abschütteln.

Draußen laufen
Alexander und Paul,
als hätten sie Angst,
jemand könnte sie verfolgen
und aufhalten.
Sie schauen sich immer wieder um.

Ich darf nicht zu nah dran.
Sonst entdecken sie
mich noch.
Ich darf aber auch nicht
zu weit hinter ihnen bleiben.
Sonst entwischen sie mir.

An einer Kreuzung
kommen die beiden Jungen
bei Grün über die Straße.
Als Anna die Kreuzung erreicht,
zeigt die Ampel Rot.

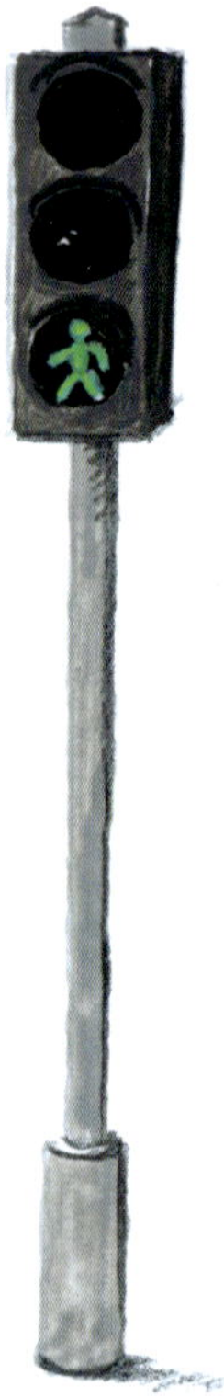

So ein Mist!
Bei Rot darf ich nicht
über die Straße.
Ich muss warten.

Alexander und Paul gehen weiter
und verschwinden
in einer Seitenstraße.

Du blöde Ampel!
Nun werd schon endlich grün!

Kaum ist die Ampel grün,
saust Anna los.
Sie rempelt eine Frau an,
die hinter ihr her schimpft.
Dann kann sie gerade noch
einem bellenden Dackel ausweichen.

Hier sind sie abgebogen.
Hoffentlich erwische ich
sie noch.
Sonst erfahre ich nie,
wohin sie mit dem Rucksack
und dem Seil wollen.

Anna rennt, so schnell sie kann.
Und es dauert nicht lange,
bis sie Alexander und Paul
wieder vor sich sieht.
Heftig atmend folgt sie den beiden
in sicherem Abstand
bis zum Ortsrand.
Dort steht eine alte Fabrik,
in der schon lange
niemand mehr arbeitet.
Viele Fensterscheiben
sind kaputt.

Alexander und Paul
schauen sich noch einmal um.
Dann laufen sie
auf das alte Gebäude zu,
dass der Rucksack
auf Alexanders Rücken hüpft.

Sie wollen in die alte Fabrik!
Aber wozu?
Hier ist doch niemand.
Oder vielleicht doch?

Alexander und Paul laufen
zur hinteren Seite des Gebäudes.
Dort gibt es einen Meter
über der Erde ein kaputtes Fenster.
Als Anna um die Ecke guckt,
sieht sie gerade noch Pauls Hintern
durch das Fenster verschwinden.
Über dem Fenster
ragt ein Lüftungsrohr aus der Wand.
Daran haben sie das Seil gebunden.

Die beiden waren
bestimmt schon mal hier.
Und jetzt sind sie mit dem Seil
durch das kaputte Fenster
gestiegen.
Was wollen sie denn da drin?
Das verraten sie mir nie.
Aber ich will es wissen!
Ich klettere ihnen hinterher.

Anna nimmt das Seil
fest in beide Hände.
Mit klopfendem Herzen
steigt sie durch das Fensterloch
und lässt sich am Seil
langsam nach unten.
Sie schaut sich um,
kann aber nicht viel erkennen.
Es ist ziemlich duster.

Ich seh fast nichts.
Hätte ich nur
eine Taschenlampe.
Alex hat eine
in seinen Rucksack gesteckt.
Nächstes Mal nehme ich
auch eine mit.

Anna lauscht angestrengt.
Sie hört leise Stimmen
und folgt ihnen
mit kleinen Schritten.
Sie nähert sich
einer offen stehenden Tür
und schaut vorsichtig
in den nächsten Raum.
Er ist leer.

Wo sind sie denn jetzt?
Ich sehe und höre sie nicht.
Ob ich zurückgehen soll?
Aber dann erfahre ich nicht,
was sie hier machen.

Anna schleicht durch diesen Raum
und durch den nächsten.
Gerade als sie die Tür öffnen will,
hört sie leise Stimmen.
Anna drückt sich schnell
hinter einen Pfeiler.

Ich höre Stimmen. Wieso kommen sie jetzt von hinten? Alex und Paul waren doch vor mir. Ob noch jemand hier ist?

Zwei Gestalten tauchen auf.
Anna wagt kaum noch zu atmen.
Als die Gestalten näher kommen,
sieht sie, dass es Jugendliche sind.
Der kleinere trägt eine Mütze.
Sie flüstern,
aber Anna kann nichts verstehen.

In diesem Augenblick
kommen Alexander und Paul
aus einer Tür.

„He, was macht ihr da?“,
ruft der mit der Mütze.
Sofort spurten
die Jugendlichen los.

Alexander und Paul
sind so überrascht,
dass sie viel zu langsam reagieren
und gepackt werden.

„Was wollt ihr hier?“,
fragt der Große.

„Wir? Äh … nichts“,
stottert Alexander.

„Du lügst!“,
behauptet der Große.
„Ihr spioniert hier rum!“

Was wollen denn
die beiden Kerle hier?
Wenn sie Alex und Paul
nur nichts tun.
Hoffentlich entdecken
die Typen mich nicht!
Ich darf mich nicht bewegen.

„Los, wir sperren sie
erst mal ein“,
sagt der mit der Mütze.

Sie zerren Alexander und Paul
in einen fensterlosen Raum
und drücken eine Holzlatte
unter die Türklinke.

Alexander und Paul schlagen
von innen gegen die Tür
und rufen: „Lasst uns raus!“

Doch die beiden Jugendlichen
kümmern sich nicht darum.
„Was machen wir mit ihnen?“,
fragt der Große.

„Weiß ich noch nicht“,
antwortet der Kleinere.
„Wir müssen jetzt erst mal
die Sachen wegbringen.
Hier sind sie nicht mehr sicher.“

„Dazu brauchen wir eine Karre“,
sagt der Große.

„Ja, genau. Los, komm!“

Gott sei Dank
sind die Kerle jetzt weg.
Aber sie haben
Alex und Paul eingesperrt.
Was mach ich nur?

Alexander und Paul
rufen um Hilfe
und trommeln gegen die Tür.
Aber ob sie hier jemand hört?
Was sollen sie nur tun?

Ich muss Alex und Paul schnell befreien. Die werden staunen, wenn sie mich sehen!

Anna kommt hinter dem Pfeiler hervor.
Niemand ist zu sehen.
Schnell geht sie durch den Raum,
tritt mit dem Fuß die Holzlatte weg
und reißt die Tür auf.

„Du?“, fragt Alexander
und traut seinen Augen kaum.

Da staunst du, Alex, was?
Deine kleine Schwester
befreit euch.
Das hättest du nicht gedacht!

„Wie … wieso bist du hier?“,
fragt Paul.

Statt zu antworten, sagt Anna:
„Schnell, wir müssen verschwinden,
bevor sie zurückkommen!“

Sie laufen durch die Räume.

Unter dem Fenster sagt Alexander:
„Du zuerst!“
Er schiebt an Annas Po,
damit sie schneller
am Seil hochkommt.

Endlich wieder draußen!
Niemand ist zu sehen.
Jetzt aber schnell weg!

Anna hilft Paul heraus
und Paul hilft Alexander.
Dann knotet Paul sein Seil los.

„Die Kerle wollen
die Sachen wegbringen,
haben sie gesagt“,
flüstert Anna aufgeregt.

„Die sind garantiert geklaut“,
keucht Alexander.

„Habt ihr ein Handy?“, fragt Paul.
Beide schütteln den Kopf.
„Dann müssen wir zur Polizei!“
Sie laufen sofort los.

Die Kerle haben
in der Fabrik bestimmt
geklaute Sachen versteckt.
Das sagen wir der Polizei.
Dann schnappen sie
die beiden.
Und wir bekommen
vielleicht eine Belohnung.
Das wäre toll!

Die Jungen laufen so schnell,
dass Anna zurückbleibt.
Als ihr Bruder das bemerkt,
wartet er auf sie.
Gemeinsam erreichen sie
die Polizeiwache.
Dort erzählen sie aufgeregt
von ihrer Entdeckung.

Wir haben der Polizei
alles genau erzählt.
Und jetzt schaut
der Polizist ganz komisch.
Der glaubt uns wohl nicht.
Aber wir sagen doch
die Wahrheit!

„Erzählt ihr auch
keine Lügengeschichten?“,
fragt der Polizist.

„Bestimmt nicht“,
antwortet Paul.

„Genau so war es“,
fügt Alexander hinzu.

„Na, dann schauen wir uns
die Sache mal an“,
sagt der Polizist.

„Dürfen wir mitkommen?“,
fragt Alexander.

„Wenn es stimmt,
was ihr erzählt habt,
wäre das zu gefährlich.
Deswegen bleibt ihr hier.“

Jetzt unternehmen
die Polizisten
endlich etwas.
Aber wir müssen hier warten.
Leider!

Nach über einer Stunde
kommen die Polizisten endlich zurück.
Sie haben
die beiden Jugendlichen dabei,
beide in Handschellen.

„Dank eurer Hilfe haben wir
einen guten Fang gemacht“,
lobt ein Polizist die Kinder.

„Die beiden haben
eine Menge Handys, Computer
und MP3-Player geklaut
und in der alten Fabrik versteckt.“

Sie haben die Kerle erwischt.
Jetzt glaubt der Polizist uns.
Ob wir nun
eine Belohnung bekommen?

„Wenn ich euch vorhin
richtig verstanden habe,
hast du deinen Bruder
und seinen Freund befreit“,
sagt ein anderer Polizist zu Anna.

Sie nickt.

„Alle Achtung!“, sagt er.
„Du bist ja ein sehr mutiges Mädchen!“

Mich hat der Polizist
besonders gelobt.
Jetzt sagt Alex
bestimmt nicht mehr
Baby zu mir.

Der Polizist möchte wissen,
wo die Kinder wohnen.

Alexander erklärt es ihm.

„Na, dann kommt mal mit!“,
sagt der Polizist.

Der Polizist ist nett.
Er fährt uns
mit dem Polizeiauto
nach Hause.
Das ist besser
als jede Belohnung!
POLIZEI
POLIZEI

Für Lehrkräfte gibt es zu diesem Buch
ausführliches Begleitmaterial beim Hase und Igel Verlag.

Originalausgabe

www.hase-und-igel.de
Lektorat: Birgit Fürst
Druck: Himmer AG, Augsburg

ISBN 978-3-86760-166-5
1. Auflage 2013